24 Mars 1902. V

VENTE

des Lundi 24, Mardi 25 et Mercredi 26 Mars 1902

HOTEL DROUOT, SALLE N° 1

A 2 HEURES 1/4

ANCIENNES PORCELAINES

DE SAXE, D'ALLEMAGNE

de Chine et du Japon

Argenterie ancienne

Objets de curiosité

Appartenant à M. E.

ARRIVANT DE L'ÉTRANGER

Faïences Italiennes

Bronzes, Sculptures

MEUBLES — BOISERIE DE SALON

Époques et Styles

XVe, XVIe XVIIe ET XVIIIe SIÈCLES

Appartenant à divers

Me F. LAIR DUBREUIL
COMMISSAIRE-PRISEUR
Successeur de Me G. DUCHESNE
6, Rue de Hanovre

M. Arthur BLOCHE
EXPERT
près la Cour d'Appel
28, Rue de Châteaudun

EXPOSITION PUBLIQUE

Le Dimanche 23 mars 1902, de 2 h. à 5 h. 1/2.

MÉNARD & CHAUFOUR 8 & 10, RUE MILTON
PARIS

CATALOGUE

D'ANCIENNES PORCELAINES

DE

SAXE, CHARLES THÉODORE
WEDGWOOD, CHINE ET JAPON

Groupes — Figurines — Services — Pièces de forme

Vases, Plats, Écuelles, Jardinières, Assiettes

ARGENTERIE ANCIENNE

Artistique et de table

Orfèvrerie Religieuse

Miniatures, Objets de vitrine, Grès d'Allemagne, Armes
Pendules et Bronzes du XVIIIe siècle

APPARTENANT A M. E.

Le tout

ARRIVANT DE L'ÉTRANGER

Faïences Italiennes

Objets de curiosité, Sculptures sur Marbre et sur Bois
Meubles et Boiserie de Salon

époques et styles

XVe, XVIe, XVIIe & XVIIIe SIÈCLES

Appartenant à divers

DONT LA VENTE AURA LIEU A PARIS

HOTEL DROUOT — SALLE N° 1

Les Lundi 24, Mardi 25 et Mercredi 26 Mars 1902

A 2 HEURES 1/4

Me LAIR-DUBREUIL
COMMISSAIRE-PRISEUR
Successeur de Me DUCHESNE
6, rue de Hanovre, 6

M. ARTHUR BLOCHE
EXPERT
près la Cour d'Appel
28, rue de Chateaudun, 28

Chez lesquels on distribue le présent catalogue.

EXPOSITION PUBLIQUE LE DIMANCHE 23 MARS 1902
De 2 h. à 5 h. 1/2

CONDITIONS DE LA VENTE

Elle sera faite au comptant.

Les acquéreurs paieront *dix pour cent*, en sus du prix d'adjudication.

Paris. Imp. Artistique Ménard et Chaufour, 8-10, rue Milton.

DÉSIGNATION

ANCIENNES PORCELAINES DE SAXE

1 — Chien bouledogue assis sur terrasse.

2 — Lionne couchée avec ses petits.

3 — Eléphant debout.

4 — Sucrier décor à sujets d'après Watteau et truité bleu.

5 — Trois écuelles avec plateaux décor à oiseaux.

6 — Figurine de femme assise, allégorie d'un Sens.

7 — Figurine de femme chasseresse.

8 — Figurine de femme aux pigeons.

9 — Deux figurines : Amours.

10 — Deux autres : Femmes tenant des fruits.

11 — Deux figurines : Joueuse de vielle et Cérès.

12 — Deux figurines hommes : Turc et vieillard.

13 — Deux figurines de femmes.

14-15 — Deux figurines : Le Joueur de flûte et le Rétameur.

16-17 — Deux figurines allégoriques aux saisons.

18 — Figurine vide-poche : Le Nègre à la corbeille.

19 — Trois assiettes, décor polychrome.

20 — Figurine de femme : Renommée.

21 — Figurine : Personnage de la Comédi italienne.

22 — Homard formant baguier.

23 — Deux cache-pots ronds, décor à fleurs.

24 — Chien assis.

25 — Ecuelle avec plateau, décor polychrome.

26 — Cafetière, décor à fleurs.

27 — Chope, décor aux Chinois, avec couvercle en argent.

28 — Trépied-support, décor en relief.

29 — Deux figurines : Pêcheur et pêcheuse.

30 — Figurine de Madeleine couchée, en porcelaine blanche.

31 — Petite corbeille ovale avec anses ornées de mascarons, décor vannerie.

31 *bis* — Groupe de deux personnages en biscuit.

32 — Groupe de trois enfants sur échasses en porcelaine blanche.

33 — Grande figurine représentant un saint.

34 — Figurine allégorique de la Guerre

35 — Chat sur terrasse.

36 — Figurine sur socle en porcelaine blanche.

37 — Vase orné de mascarons.

38 — Groupe allégorique des accordailles, en porcelaine blànche.

39 — Groupe en porcelaine blanche.

40 — Ecuelle avec plateau, décor à personnages.

41 — Saladier rond, décor à oiseaux.

42 — Aiguière forme casque, à fleurs.

43 — Compotier, décor à fleurs.

44-45 — Deux soupières ovales, décor à fleurs.

46 — Deux sucriers, décor polychrome.

47 — Quinze assiettes divers décors.

48 — Dix autres, bords gaufrés, vannerie à fleurs.

49 — Plat ovale, décor à fleurs.

50 — Marronnière, décor en polychrome.

51 — Corbeille ovale.

52 — Soupière, décor bleu sur blanc avec anses à mascarons.

53 — Deux petits plateaux à bords festonnés, décor à armoiries.

54 — Deux plateaux ovales décorés de scènes genre WATTEAU.

55 — Deux petites théières, décor à fleurs et sujets WATTEAU.

56 — Cache-pot, décor à fleurs, anses à têtes de béliers.

57 — Cafetière, décor à personnages siamois.

58 — Deux figurines représentant des soldats.

59 — Autre figurine plus grande : Soldat.

60 — Deux figurines : Enfants, l'un tireur à l'arc et l'autre consultant l'heure.

61 — Boîte ovale, décor à imbrications et fleurs en camaïeu rouge.

62 — Boite ovale, décor à fleurs.

63 — Groupe de deux figures : Joueur de flûte.

64 — Groupe de deux figures : Allégorie de la Sculpture.

65 — Figurine : Le Colporteur.

66 — Petit groupe : Vache et Vacher.

67 — Veilleuse, décor à fleurs en relief.

68 — Chope, décor aux chinois.

69 — Ecuelle ou sucrier en porcelaine blanche forme nid.

70 — Cafetière décor lie de vin avec réserves à fleurs.

71 — Vase assez curieux à décor coréen portant deux marques A R et le bâton de Mercure.

72 — Cinq pièces porcelaines diverses.

73 — Soupière avec couvercle, décor à fleurs.

74 — Baguier, décoré de deux figurines d'enfants allégorie, à la Chasse.

75 — Baguier, décoré de deux figurines d'enfants, allégorie à la pêche.

76 — Maison. décor au naturel.

77 — Mouton sur socle.

78 — Groupe de deux enfants.

79 — Trois petits vases fond bleu, décor bleu.

80 — Surtout de toilette à trois lumières, décor à fleurs.

81 — Deux corbeilles sur pieds, ajourées et à anses.

82 — Deux corbeilles de même décor.

83 — Deux petits groupes : Enfants, chien, et mouton.

84 — Figurine jardinier.

85 — Petite théière à décor à personnages dans le goût chinois.

86 — Bonbonnière forme carpe.

87 — Cuiller à beurre, décor à fleurs.

88 — Tasse, décor polychrome.

89 — Couvert composé de trois pièces, manches en porcelaine à fleurs, monture vermeil.

90 — Figurine de femme sous un bosquet en bronze doré.

91 — Quatre assiettes, décor à fleurs en camaïeu rouge.

92 — Service à thé composé de cinq pièces en Wedgwood.

93 — Quatre tasses, décor à fleurs en camaïeu orange et imbrications.

94 — Groupe blanc de cinq personnages représentant Vulcain dans sa forge.

95 — Cabaret fond blanc avec chiffre, composé de six pièees.

96 — Plateau ovale, fond vert, décor à oiseaux.

97 — Six pièces : jardinières et théières.

98 — Dix-sept assiettes diverses, décor à fleurs et à personnages.

99 — Cache-pot.

100 — Bol en porcelaine de Charles Théodor.

101 — Trois figurines : Jardinier et Jardinière.

102 — Plateau ovale, décor à guirlandes de fleurs.

103 — Plat rond, décor à fleurs en relief.

104 — Quatre assiettes diverses.

105 — Deux corbeilles ovales, bleues et ajourées.

106 — Deux compotiers en porcelaine de Berlin, décor à oiseaux.

107 — Dix-huit tasses à décors variés.

108 — Plateau ovale, décor à thyrses de lauriers, détachés et dorés.

109 — Corbeille.

110 — Deux vases.

111 — Deux figurines.

112 — Deux groupes d'enfants jouant du tambour.

113 — Trois groupes blancs.

114 — Maison, décor au naturel.

115 — Cafetière fond blanc, décor à fleurs en camaïeu bleu.

116 — Surtout formé par deux enfants autour d'un arbre et supportant une corbeille.

117 — Pendule accostée d'un groupe allégorique à la Fidélité.

118 — Trois cafetières diverses.

119 — Corbeille ovale ajourée, décor à fleurs en relief et posant sur quatre pieds.

120 — Deux figurines : Jardiniers.

121 — Drageoir formé par un groupe : Enfant et mouton.

122 — Bouillon, décor aux myosotis.

123 — Lion héraldique debout tenant un écusson.

124 — Trois pièces diverses.

125 — Trois plats fond bleu.

126 — Sucrier fond blanc, décor à sujet de chasse.

127-128 — Cinq pièces diverses.

129 — Deux groupes de deux personnages, tenant l'un un masque et l'autre un verre.

130 — Groupe : l'Amour au blason.

131 — Deux figurines : Nègre et marchand de fruits.

132 — Théière.

133 — Quatorze assiettes ajourées, décor à fleurs et bleues.

134 — Service de table, décor bleu et blanc composé de soixante-treize pièces, (dessin dit à l'oignon).

135 — Théière de forme carrée en porcelaine de Bottcher.

136 — Béquille à tête de chien, décor à fleurs monture or.

137 — Théière en porcelaine, de Bottcher.

138 — Cruche avec couvercle en étain.

139 — Deux figurines d'enfants.

140 — Deux figurines d'enfants.

141 — Coq debout sur une gerbe de blé.

142 — Deux oiseaux posés sur des troncs d'arbre.

143 — Deux théières en Wedgwood, fond noir.

144 — Trois cafetières à décors variés.

145 — Plat ovale décoré de moutons, imbriquations bleues.

146 — Compotier décor coréen.

ANCIENNES PORCELAINES

DE CHINE ET DU JAPON

147 — Treize assiettes en ancienne porcelaine du Japon, décor polychrome.

148 — Plat rond, décor polychrome.

149 — Trois vases Japon, fond bleu, décor laqué.

150 — Deux gourdes, décor laqué.

151 — Plat en ancienne porcelaine de Chine, dècor à arabesques.

152 — Plat en ancienne porcelaine du Japon, décor polychrome.

153 — Plat en ancienne porcelaine de Chine, décor à fleurs.

154 — Plat en ancienne porcelaine du Japon, décor polychrome.

155 — Plat en ancienne porcelaine de Chine.

156 — Six bols en ancienne porcelaine de Chine, décor polychrome.

157 — Vingt et une assiettes en anciennes porcelaine de Chine, décors variés.

158 — Plat en vieux Chine, polychrome.

159 — Cornet en vieux Chine, décor à personnages.

160 — Potiche à pans avec couvercle en ancienne porcelaine du Japon, décor bleu sur blanc.

161 — Trois petits vases en vieux Japon.

162 — Toile en vieux Japon.

163 — Trois petites pièces, cornets et vases en vieux Japon.

164 — Petit vase en vieux Chine, décor bleu à quadrillés.

165 — Trois pièces : compotier, tasse et saucière en vieux Japon.

166 — Grande figurine de Chinoise.

167 — Coupe sur pied avec couvercle en ancienne porcelaine du Japon.

168 — Grand sucrier avec couvercle en vieux Chine.

169 — Deux assiettes et un compotier en vieux Chine.

170 — Petite chope en vieux Japon, décor bleu.

ARGENTERIE

OBJETS DE VITRINE

171 — Drageoir en sardoine orientale, monture argent doré, époque Louis XV.

172 — Bonbonnière ronde en écaille fondue, couvercle orné d'une miniature, portrait d'un officier.

173 — Branche de corail sculpté sur pied incrusté.

174 — Petit coffret en ambre.

175 — Boîte oblongue en argent gravé, petit couvert d'enfant, petite cuiller à godron et châtelaine en argent gravé.

176 — Truelle à gâteau en argent à médaillons et guirlandes, XVIIIe siècle.

177 — Sucrier en argent, bordure à contours anses et pieds à branchages.

178 — Sucrier du Ier Empire en argent ciselé et ajouré, enfants cueillant des raisins.

179 — Paire de flambeaux époque Louis XV à côtes tournantes.

180 — Deux bonbonnières rondes et ovales en cuivre gravé époque Louis XVI.

181 — Bouilloire sur son pied et avec son réchaud en argent à côté tournant.

182 — Quatre cuillers à punch en argent à coquilles de modèles différents.

183 — Suite de trente-quatre miniatures, émaux, petits dessins et peintures encadrées.

184 — Paire de flambeaux en argent modèle à pans, époque Louis XIV.

185 — Calice en vermeil repoussé et gravé à rocailles et fleurs, époque Louis XV.

186 — Calice en vermeil orné de six émaux représentant des scènes de la vie du Christ, XVIe siècle.

187 — Ornement en cuivre, cachet en fer, breloque corail, poignée de théière en cuivre.

188 — Deux flambeaux en argent modèles à pans, époque Louis XIV.

189 — Service à café Louis XVI en argent repoussé à médaillons et guirlandes, cafetière, pot à crème et sucrier.

190 — Douze éventails des époques Louis XV, Louis XVI et Ier Empire.

191 — Nécessaire souvenir d'amitié garni de nacre et d'argent doré, époque Louis XVI.

192 — Montre en or repoussé à double cuvette, boîtier offrant des personnages au milieu de rocailles, époque Louis XV.

193 — Cachet breloque en or avec grosse topaze jaune.

194 — Gobelet et bonbonnière coquillage monture argent.

195 — Gobelet sur pied en argent repoussé à bossages, époque Louis XIII.

196 — Grosse montre de voyage en argent repoussé, travail allemand du XVIIe siècle.

197 — Calice en argent repoussé et doré, époque Louis XIII.

198 — Cinq coupes dentelles métalliques.

199 — Sept boucles en argent XVIIIe siècle.

200 — Deux coffrets, deux bonbonnières et deux drageoirs en pierres dures.

201 — Deux flacons dans un étui, flacons doubles, œuf en marbre.

202 — Quatre gobelets en argent gravé et repoussé. XVIIIe siècle.

203 — Cafetière à pans en argent uni.

204 — Calice en argent partie vermeil, époque Louis XV.

205 — Truelle à poisson en argent, manche en vieux Saxe décor en camaïeu rose.

206 — Calice en vermeil décor repoussé à têtes d'anges, personnages et ornements. XVIe siècle.

207 — Bonbonnière en émail de Saxe forme tête de bouledogue.

208 — Porte-cuillers en argent repoussé surmonté d'une figurinne d'enfant.

209 — Bouilloir avec couvercle en argent uni posant sur trois pieds.

210 — Porte bougie époque Louis XV décor à cotes tournantes.

211 — Trois pinces à sucre en argent ciselé et filigrané.

212 — Trois cuillers en argent repoussé à grappes de raisins, coquilles dorées, époque Louis XV.

213 — Hochet en argent orné de grelots, époque Louis XV.

214 — Trois petites salières Louis XIV en argent et agate.

215 — Bonbonnière en argent repoussé, décor fleurs.

216 — Coupe ovale en argent repoussé à branchages, bordure godronnée, époque Louis XIII.

217 — Neuf petites cuillers en métal argenté.

218 — Petite boîte ovale et petite boîte en forme de cœur, en argent.

219 — Cachet en or avec intaille en verre gravé à armoieries.

220 — Bonbonnière à double fond en argent couvercle orné d'un bas relief, amour et corbeille de fruits (daté 1742).

221 — Flacon forme fruit en porcelaine de Chine.

222 — Six cuillers à café en argent modèle Louis XV.

223 — Six pièces ivoire netzukés et groupes.

224 — Pommeau de canne étui et étiquette en argent.

225 — Deux colliers en argent un avec boucle avec pierreries et l'autre orné de grenats.

226 — Deux médailles et un couvercle d'aiguière en argent.

227 — Flacon émail, petite pendule marquetée et lorgnette nacre et cuivre.

228 — Trente six coupes dentelles guipures, filets françaises et étrangères.

229 — Quatre croix et trois paires de boucles d'oreilles argent strass et pierreries.

230 — Petite coupe sur pied, décor gravé bordure cloutée, époque Louis XIV.

231 — Brûle-parfum formé d'une noix de coco gravée monture en argent aux aigles XVIIIe siècle.

BRONZES ET ÉTAINS

232 — Deux porte-bouquets en bronze argenté.

233 — Pendule Louis XVI à colonnes en marbre et bronze.

234 — Vingt-huit pièces en étain, assiettes, plats et portes huiliers.

235 — Cinq paires de petits chandeliers d'église en étain.

236 — Cinq vidrecomes en étain.

237 — Coupe en bronze supportée par une figurine d'enfant.

238 — Deux vasques ovales en cuivre rouge.

239 — Pendule en bronze noir et doré, ornée d'un groupe : l'Enfant au loup.

240 — Grande pendule Louis XV forme violon, avec son socle en bois noir ornée de bronzes ciselés et dorés.

241 — Quatre appliques en cuivre repoussé.

242 — Trois paires de chandeliers d'église en étain.

243 — Chandelier en cuivre.

244 — Petite pendule en bronze doré.

245 — Grand reliquaire en bronze doré et argenté, orné de pierres de couleur.

246 — Cinq lustres en cuivre.

247 — Deux chandeliers en étain.

248 — Soupière en étain.

249 — Quatre plats en cuivre repoussé.

250 — Lot de cuivres.

251 — Fontaine en étain.

252 — Petite pendule en bronze surmontée d'un casque.

253 — Statuette d'enfant en bronze doré.

GRÈS ET FAIENCES

254 à 256 — Cinq pots divers en grès.

257 — Cinq plats en ancienne faïence de Delft, décor bleu et blanc.

258 — Paire de vases à pans en ancienne faïence, fond blanc décoré de figurines de femmes et ornements en bleu.

259 — Sept cruches en ancien grès émaillé.

260 — Trois vases en ancienne faïence à décor polychrome.

261-262 — Quatorze cruches en ancien grès d'Allemagne, fond noir et blanc.

263 — Cinq cruches en ancienne faïence, décors variés.

264 — Trois vases à pans en ancienne faïence, décors polychromes.

265 — Six pièces diverses en ancienne faïence.

266 — Deux vases en ancienne faïence ajourée de Marieberg.

267-268 — Deux vases avec couvercles en ancienne faïence de Marienberg, panses à feuillages.

269 — Plat en ancienne faïence, bordure ajourée, décor à fruits en relief.

ARMES ET OBJETS DIVERS

270 — Quatre arbalètes avec leurs crennequins.

271 — Dix sabres divers.

272 — Pistolet incrusté d'ivoire.

273 — Quatre hallebardes.

274 — Huit verres anciens à couvercles et sur pieds gravés.

275 — Huit verres anciens décorés de peintures.

276 — Vingt verres divers anciens.

277 — Trois cassettes et une petite commode.

278 — Echiquier en ébène et ivoire.

279 — Lot d'étoffes, chasubles, couvertures brodées, etc.

280 — Cinq cannes, dont quatre avec pommeau en argent et une en ivoire.

281 — Deux figurines de mendiants en bois et ivoire.

282 — Lot de bois sculpté.

283 — Médaillon en marbre : tête d'homme.

284-285 — Quatre théières en terre rouge.

286 — Quatre cadres en bronze argenté.

287 — Tasse en porcelaine d'Allemagne.

288 — Plateau à pans en Wedgwood.

289 — Deux tasses, décor à fleurs en relief et à sujets chinois.

290 — Chandelier.

291 — Petite bonbonnière bleue.

292 — Huit socles blancs.

293 — Deux plats, l'un blanc et l'autre bleu.

294 — Brûle-parfums avec couvercle, décor à la boule de neige.

295 — Deux assiettes, l'une en Sèvres et l'autre en Saxe.

296 — Crèmier fond blanc, décor à fleurs.

297 — Tasse et soucoupe.

298 — Deux raviers décor à fleurs.

299 — Groupe : Enfant sur un tonneau.

300 — Tasse forme cygne.

301 — Poule sur un nid.

302 — Figurine de femme en vieux Vienne.

303 — Figurine d'enfant à la cage.

304 — Trois pièces, bol et deux tasses en

305 — Trois plats, décors variés.

306 — Quatorze vide-poches forme feuilles.

307 — Trois tasses et un encrier.

308 — Deux tasses avec couvercle fond bleu royal.

309 — Ménagère et quatre pots.

310 — Vase, décor à fleurs.

311 — Deux cafetières.

312 — Plat rond en vieux Saxe, décor à oiseaux.

313 — Cinq tasses en vieux Saxe et une boîte à thé.

314 — Deux pièces en vieux Saxe, choux et cache-pot.

315 — Ecuelle, décor coréen.

316 — Bouilloire en vieux Saxe et cafetière.

317 — Petit sucrier ovale en vieux Saxe, orné sur le couvercle d'un lapin.

318 — Ravier et petit plateau en vieux Saxe, décor à fleurs.

319 — Vase en vieux Saxe, orné d'une figurine de la Vierge sur socle.

320 — Petite cafetière en porcelaine de Furstenberg.

321 — Ravier et sucrier en vieux Saxe, fond bleu.

322 — Trente et une assiettes en vieux Saxe à décors variés.

323 — Soupière ovale avec son couvercle en vieux Saxe.

324 — Six assiettes en vieux Saxe, décor coréen.

325 — Deux saucières en vieux Saxe à couvercles avec plateaux adhérents, décor à fleurs.

326 — Soupière et un lot de tasses diverses en vieux Saxe.

327 — Objets non catalogués.

OBJETS D'ART

ET

D'AMEUBLEMENT

APPARTENANT A DIVERS

ANCIENNES FAIENCES ITALIENNES

328-329 — URBINO. Deux grands et beaux plats ovales décorés au centre de scènes bibliques, sur les bords des compositions raphaëlesques. XVIIe siècle.

330 — URBINO. Grand et beau plat ovale offrant comme décor une importante composition allégorique de nombreux personnages. XVIIe siècle.

331 — URBINO. Petit plat rond représentant une scène de l'antiquité à trois personnages. Fin du XVIe siècle.

332 — URBINO. Petit plat offrant au centre un buste de personnage, sur les bords des trophées, fond bleu. XVIe siècle.

333 — Urbino. Plat rond, décor à sujet mythologique à plusieurs figures. xviie siècle.

334 — Castelli. Beau plat rond représentant l'Enlèvement d'Amphytrite. xviie siècle.

335 — Castelli. Petite coupe ronde, décor la Vierge et l'Enfant. xviie siècle.

336 — Castelli. Deux plaques rectangulaires, décor à personnages. xviie siècle. Encadrées.

337 — Rouen. Bannette octogonale, décor très fin d'après Bérain, en bleu et rouge.

338 — Quarante-deux assiettes en ancienne porcelaine.

OBJETS DIVERS

339 — Châsse en cuivre émaillé fond bleu étoilé d'or avec sujets du Nouveau Testament en couleur. Style xve siècle.

340 — Petit lion couché, en fer, sur socle bois peint. xvie siècle.

341 — Figurine d'ange à genoux, en plomb. XVIIe siècle.

342 — Figurine de guerrier antique debout, en bronze. XVIe siècle.

343 — Grand buste de femme grecque en bronze, fonte à cire perdue. Pièce intéressante attribuée au XVIe siècle.

344 — Coffret rectangulaire en os sculpté à personnages tout autour et à figures d'anges tenant des écussons sur le couvercle, monture incrustée. XVIe siècle.

345 — Petit coffret en os sculpté et gravé à figures et ornements. XVe siècle.

346 — Mortier en bronze. XVIe siècle.

347 — Croix gothique en cuivre avec figures sur les deux faces, montée sur pied en bois.

SCULPTURES, BRONZES

348 à 350 — Trois bustes anciens un marbre représentant des femmes de l'antiquité.

351 — Buste de femme en marbre ancien sur chapiteau en pierre et posant sur une colonne en bois cannelé.

352 — Buste d'homme en marbre ancien posant sur chapiteau en pierre et sur colonne en bois cannelé.

353 — Groupe en bois sculpté polychromé : Saint Joseph et l'Enfant Jésus.

354 — Groupe de trois figures, bois sculpté, XVIe siècle.

355 — Curieuse statue du Pape en bois sculpté avec socle, XVe siècle : œuvre d'un beau caractère.

356 — Châsse en albâtre, maquette de Notre-Dame-de-Lorette, très finement sculpté, Italie.

357 — Buste de patricienne en bois sculpté, polychromé, XVIe siècle.

358 — Deux statues de femme en bois sculpté, du temps de Louis XIV.

359 — Deux torchères d'autel en bois sculpté, parties dorées, époque Louis XV.

360 — Deux torchères d'autel en bois sculpté et peint, époque Louis XV.

361 — Paire de bras d'applique Empire, à deux lumières en bronze ciselé et doré, décorées de têtes de lions.

362 — Paire de beaux candélabres Empire en bronze, formés par trois figurines de femme accouplées supportant un vase d'où s'échappent des branches à six lumières. Socles en marbre décorés de bas reliefs à rondes d'enfants.

363 — Pendule Louis XVI en biscuit et bronze, socle orné de peinture sur cuivre en grisaille.

364 — Pendule Empire en bronze doré.

365 — Paire de brûle-parfums en bronze doré supportés par trois cariatides de femmes ailées.

366 — Paire de girandoles en bronze argenté,

avec les armes impériales gravées sur le socle.

367 — Vase Louis XVI en marbre bleu turquin, décorés d'anses à figures de guerriers.

368 — Paire de chenêts Louis XVI en bronze doré à figures d'amours portant un brûle-parfum.

369 — Hercule petit bronze XVIIe siècle.

370 — Miniature portrait de femme signée DUMONT.

371 — Pichet grés émaillé de RORHEN.

372 — Offrande au Dieu Pan et à Bacchus, deux frises bois sculpté, XVIIe siècle.

MEUBLES, BOISERIE

373 — Très belle boiserie de salon en chêne ciré du temps de Louis XIV offrant des encadrements à ornements de coquilles, sculptés en bas-reliefs. Elle se compose de trente-quatre panneaux et pilastres.

Hauteur 2^m30, développement environ 20 mètres; de deux grands trumeaux hauteur 3^m40; de deux portes hauteur 2^m15; largeur 0^m82. Développement général environ 25 mètres.

374 — Très beau lit de milieu en bois finement sculpté et ciré avec balustrade ovale et médaillon sur le devant, orné de guirlandes de fleurs de style Louis XVI avec sommier à soufflets.

375 — Canapé en bois sculpté et doré. forme fer à cheval, recouvert de soierie de l'époque Louis XVI.

376 — Deux fauteuils, dossiers à médaillons en bois sculpté et doré, recouverts de soierie du temps de Louis XVI.

377 — Coffre en bois sculpté et doré polychrome style gothique.

378 — Crédence style Renaissance en bois sculpté, parties rehaussées d'or.

379 — Vitrine en bois de noyer finement

sculpté et ciré, dessus en marbre, style Louis XV.

380 — Deux bancs d'œuvre en noyer sculpté et ciré, époque Louis XIII.

381 — Grand fauteuil chaière en bois sculpté, à grandes cariatides, dossier couvert en cuir de Cordoue, style XVIe siècle.

382 — Beau coffre en bois sculpté polychromé, à reflets métalliques offrant sur le devant en bas reliefs les quatre évangélistes, style du XVe siècle.

383 — Fauteuil forme Dagobert garni de cuir de Cordoue.

484 — Petite table de dame époque Louis XV, bois de rose et violette.

385 — Encoignure étagère Louis XVI, décorée d'attributs champêtres.

386 — Objets omis.

www.ingramcontent.com/pod-product-compliance
Ingram Content Group UK Ltd.
Pitfield, Milton Keynes, MK11 3LW, UK
UKHW032013260826
14628UKWH00005B/2457

9 782329 530536